Katja Reider

Silbengeschichten zum Lesenlernen

Fohlengeschichten

Illustriert von Heike Wiechmann

www.leseloewen.de

ISBN 978-3-7432-0706-6
Überarbeitete Neuausgabe
1. Auflage 2020
© 2007, 2015, 2020 Loewe Verlag GmbH, Bindlach
Umschlag- und Innenillustrationen: Heike Wiechmann
Umschlaggestaltung: Jennifer Wunderwald
Printed in the EU

www.loewe-verlag.de

Inhalt

Ein kleines Wunder 9

Von Fohlen und Babys 15

Zweimal Urlaub 21

Ein Feuer zu viel. 28

Nächtlicher Besuch 36

Kleine Pferdeflüsterin. 43

Ein aufregender Morgen 51

Mit bunten Silben lesen lernen . . 60

Ein kleines Wunder

Seit drei Tagen
ist Mellie nun schon
hier auf dem Ponyhof.
Und alles gefällt ihr super.
Wenn nur Jana nicht wäre …!
Jana, die Angeberin.
Die beiden Mädchen
konnten sich von Anfang an
nicht leiden.

Bisher sind sie sich einfach
aus dem Weg gegangen.
Aber das ist nun vorbei.
Ab heute müssen sie sich
ein Zimmer teilen.
Denn der Ponyhof
ist komplett ausgebucht.
So ein Ärger!
Vor lauter Wut
kann Mellie nicht einschlafen.

Auch Jana ist noch wach.
Das spürt Mellie ganz genau.
Da klopft es an der Tür.
„Schlaft ihr schon?",
flüstert Wiebke,
die Reitlehrerin.

„Nein, was ist denn?",
fragt Jana.
Aber Wiebke lächelt nur.
„Kommt mal mit! Aber leise!"
Mellie und Jana
wechseln einen Blick.

Dann folgen sie Wiebke
in den Stall.
Nanu, da brennt ja Licht!
„Was ist denn hier –",
setzt Mellie an.
Aber Jana legt ihr schnell
die Hand auf den Arm.
„Pst!", macht sie leise.
„Schau doch!"

Und da sieht Mellie es auch:
Allegra, die braune Ponystute,
hat ihr Fohlen bekommen!
Mit samtweichen Lippen
liebkost die Mutter zärtlich
ihr Neugeborenes.
Wie gebannt
schauen die Mädchen zu.

„W…W…Wahnsinn!",
stammelt Mellie endlich.
„Ja, ein kleines Wunder …"
Auch Janas Stimme bebt
vor Rührung.
Die Mädchen lächeln sich zu.
Und dann liegen sie sich
plötzlich in den Armen …

Von Fohlen und Babys

Fast jeden Sonntag
radeln Elisa und ihre Mama
hinaus ins Grüne.
Am liebsten zur Pferdekoppel
von Bauer Günter.
„Hast du Möhrchen
und Äpfel eingesteckt?",
fragt Elisa eifrig.

„Aber ja", lächelt Mama.
Elisa strahlt vor Freude.
Bauer Günter hat ihr erlaubt,
den Pferden ein paar
Leckerbissen mitzubringen.

Keinen Zucker – oh nein!
Nur gesunde Knabbereien.
Elisa entdeckt die kleine Herde
schon von Weitem.

„Sieh mal, Mama!",
ruft sie begeistert.
„Die drei braunen Stuten
sind auch wieder da!
Und die kleinen Schecken und –
oh Mama, da ist ja ...
ein Fohlen!"
Blitzschnell stellt Elisa
ihr Fahrrad ab
und läuft zum Gatter hinüber.

„Das ist ja süß!"
Mama nickt lächelnd.
„Das Fohlen ist sicher erst
ein oder zwei Wochen alt.
Schau mal,
jetzt sucht es seine Mutter!"
„Oje, das ist bestimmt schwierig",
sagt Elisa besorgt.
„Die braunen Stuten
sehen doch alle gleich aus."

„Das macht nichts",
erklärt Mama.
„Mutter und Kind erkennen
sich vor allem am Geruch.
Später auch an der Stimme.
Das ist bei uns Menschen
übrigens ganz ähnlich."
„Wirklich?", staunt Elisa.
Mama nickt.

„Babys hören ja schon im Bauch
die Stimme ihrer Mutter.
Deshalb reagieren sie auch
nach der Geburt darauf."
„Aber am Duft würde ich dich
auch immer wiedererkennen!",
lacht Elisa
und kuschelt sich an ihre Mutter.
„Nur Mama duftet wie Mama!"

Zweimal Urlaub

Jenny ist richtig gut drauf,
als sie nach Hause kommt.
Kein Wunder,
morgen beginnen die Ferien!
Und dann geht es gleich
mit Mama und Papa
an die Ostsee – juhu!

Nanu, warum macht Papa denn
so ein bedrücktes Gesicht?
„Ach, Jenny", sagt Papa.
„Es tut mir furchtbar leid.
Aber ich kann jetzt nicht weg.
Heute ist bei uns im Büro
das Computernetz
zusammengebrochen und …"

„Heißt das etwa,
unser Urlaub fällt aus?",
schnieft Jenny enttäuscht.
„Nein, wir fahren natürlich
noch an die Ostsee",
tröstet Papa.
„Nur eben eine Woche später."

„Aber du packst trotzdem
schon heute deinen Koffer!",
ruft Mama plötzlich.
Jetzt versteht Jenny
gar nichts mehr.
„Und warum?",
fragt sie verblüfft.

Mama lächelt.

„Weil du morgen

auf den Reiterhof Spatz fährst!

Ich habe gerade eben

mit Frau Spatz telefoniert.

Sie hat noch Platz für dich."

„Toll!", strahlt Jenny.

„Es kommt noch besser",

lacht Mama.

„Frau Spatz hat erzählt,
dass dort letzte Woche
zwei Fohlen geboren wurden.
Die darfst du mit versorgen.
Na, ist das nicht schön?"
„Nee, das ist superspitze!!!",
jubelt Jenny.
„Ich merke schon",
schmunzelt Papa.

"Ferien mit Fohlen
sind noch besser
als Ferien mit uns!"
"Quatsch", lacht Jenny
und gibt Papa einen Kuss.
"Aber beides nacheinander –
das ist eben nicht zu toppen!"

Ein Feuer zu viel

Timo freut sich riesig!
Gleich wird
das Osterfeuer entzündet.
Fast alle Dorfbewohner
sind zum Festplatz gekommen.

Es gibt Würstchen und Limo.
Und natürlich ist auch
die freiwillige Feuerwehr da.
Wie jedes Jahr.
Damit bloß nichts passiert!
Es dämmert schon,
als die Flammen endlich
hoch in den Himmel lodern.

Schön sieht das aus!
Bill, einer der Feuerwehrleute,
winkt Timo freundlich zu.

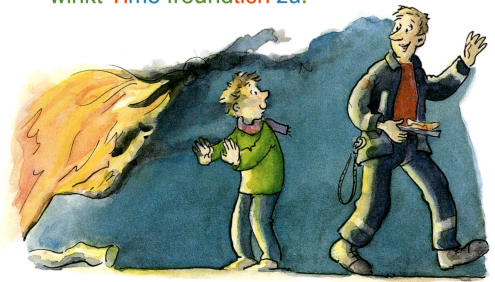

„Geh besser auf die andere Seite!
Hier bläst dir der Wind
den Rauch genau ins Gesicht."
Bill hat recht!
Der Qualm brennt Timo
schon in den Augen.
Er dreht sich um.

Und in diesem Moment
sieht er die Rauchfahne!
Ganz hinten am Horizont!
Timo schaut genauer hin.
Ist das ein anderes Osterfeuer?
Nein, in dieser Richtung
gab es noch nie eins.
In dieser Richtung liegt nur ...
der alte Reiterhof!

Ob es dort brennt?
Oh nein!
Die Pferde sind in Gefahr!
Timo rennt los.
Wo ist Bill?! – Da!
Aufgeregt packt Timo
den Feuerwehrmann am Ärmel.
„Ich glaube,
der alte Reiterhof brennt!
Schau, da drüben!"

Timo zeigt in Richtung
der grauen Rauchfahne.
Und dann geht alles ganz schnell:
Bill ruft seine Kollegen
und alarmiert die Leitstelle.
Wenige Sekunden später
rast das Löschfahrzeug
schon in Richtung Reiterhof.

Timo schaut ihm nach.

Hoffentlich geht alles gut!

Spät am Abend

klingelt das Telefon.

Es ist Bill.

„Hallo, Timo!

Ich wollte dir nur sagen:

Auf dem Hof

ist alles wieder okay!

Eine Scheune hat gebrannt.
Aber bevor das Feuer das Haus
und die Ställe erreicht hat,
waren wir zum Löschen da.
Weil du so aufmerksam warst!
Weißt du was, Timo? –
Der Pferdepfleger hat gesagt:
Das nächste Hengstfohlen dort
wird Timo getauft ..."

Nächtlicher Besuch

Besorgt fühlt Mama Lillys Stirn.
„Oje, du glühst ja richtig, Schatz!
Du hast sicher Fieber."
Widerspruchslos lässt sich Lilly
ins Bett bringen.
Jetzt bloß nicht krank werden!
Morgen ist doch ihr Geburtstag!
Ihre große Ponyhof-Party!

Seit Wochen freut sich Lilly
schon auf diesen Tag.
Und jetzt ...?
Nanu, was war das denn eben
für ein seltsames Geräusch?
Wie ein leises Schnauben ...
Und was streichelt da
so sanft über ihre Wange?
Lilly wendet den Kopf.
Und dann sieht sie das Pony!

Es ist weiß und winzig klein,
mit dünnen, staksigen Fohlenbeinen.
Und diese weiche blonde Mähne!
Verwundert fragt Lilly:
„Wo kommst du denn her?"
„Na, vom Ponyhof natürlich",
sagt das Fohlen
und scharrt leise mit den Hufen.

„Ich soll dich zu deiner
Geburtstagsparty abholen."
„Ach, das ist aber
lieb von dir", sagt Lilly.
„Müssen wir gleich los?
Es ist noch dunkel draußen."
„Oh, du hast recht",
nickt das Pony.
„Wir sollten wirklich noch
ein bisschen schlafen."

Da kuschelt Lilly ihr Gesicht froh in die flauschige Ponymähne und schließt die Augen. „Herzlichen Glückwunsch zum Geburtstag, Lilly!" Die Arme voller Päckchen stehen Papa und Mama vor Lillys Bett.

„Geht es dir besser, Schatz?",
fragt Mama.
Lilly guckt sich verwirrt um.
„Wo ist denn das Pony?
Das Pony von heute Nacht!"
Mama und Papa schauen sich an.
„Sah es vielleicht ... so aus?",
fragt Mama dann.
Sie legt Lilly ein kleines weiches
Plüschpony in den Arm.

„Ja, genau so!",
flüstert Lilly heiser.
„Danke! Das ist ja süß!"
Papa lächelt.

„Deine Geburtstagsparty
feiern wir einfach
eine Woche später.
Wenn du wieder
gesund bist, ja?"
Lilly nickt
und kuschelt sich zufrieden
mit ihrem Pony zurück ins Kissen.

Kleine Pferdeflüsterin

Max und Mona
strahlen um die Wette.
Denn heute fahren sie
auf den Reiterhof Berger.
Schon zum dritten Mal
dürfen sie hier Ferien machen!

„Wo stecken die denn alle?",
fragt Mona ihren Zwillingsbruder.
„Sonst wurden wir doch immer
schon am Eingangstor erwartet!"
Endlich erscheint Rieke Berger.

„Entschuldigt bitte,
dass ich euch erst jetzt begrüße!
Aber wir sind seit Stunden
drüben bei den Boxen."
„Ist eines der Pferde krank?",
fragt Max besorgt.
Frau Berger schüttelt den Kopf.

„Nein, aber Luna hat
heute Nacht ein Fohlen geboren.
Leider kam es zu früh!
Luna war zu schwach,
um ihr Fohlen zu versorgen.

Und nun nimmt sie es nicht an.
Sie lässt es nicht trinken.
Und das Kleine
will die Flasche nicht."
Frau Berger seufzt.

„Wir haben schon
alles Mögliche probiert ...
Na, kommt mit in den Stall!
Dort seht ihr es selbst."
Leise begrüßen die Zwillinge
Herrn Berger und Arno,
den netten Pferdepfleger.
Dann betrachten sie das Fohlen.
Wie zart und verletzlich
es aussieht!

Ein paarmal versucht Arno,
das Kleine mit der Milchflasche
zu locken – vergeblich!
Schließlich fragt Mona schüchtern:
„Darf ich es mal versuchen?"
Arno blickt Mona erstaunt an,
aber er reicht ihr die Flasche.
Erst redet Mona nur leise
auf das Fohlen ein.

Dann summt sie eine Melodie.
Immer wieder.
Und tatsächlich:
Der kleine Hengst
scheint die Ohren zu spitzen!
Nach einer Weile
wendet er sich Mona zu.
Und sie schiebt ihm geschickt
die Flasche zwischen die Lippen.

„Er trinkt!",

flüstert Max glücklich.

Auch die Bergers atmen auf.

Und Arno sagt lächelnd:

„Mona, du bist ja

eine richtige Pferdeflüsterin!"

Ein aufregender Morgen

Jeden Tag sausen Sina und Luis
auf dem Schulweg
an einer Pferdeweide vorbei.
Und jeden Tag machen sie halt,
um die Pferde zu beobachten.
Vor allem die beiden Fohlen,
die mit ihren langen Beinen
über die Wiese stelzen
oder bei ihren Müttern trinken.

Meistens grasen
die Pferde friedlich.
Einige beknabbern sich liebevoll.
Und manchmal
hebt eine der Stuten den Kopf
und begrüßt die Kinder
mit einem freundlichen Brummeln.
Aber heute ist alles anders!

Die Pferde sind nervös.
Einige wiehern laut.
Aufgeregt peitschen
ihre Schwänze hin und her.
Die Fohlen drängen sich
ängstlich an ihre Mütter.
„Was haben die Pferde nur?",
ruft Sina erschrocken.

Und dann sieht sie es selbst:
Der Weidezaun ist umgekippt!
Die Drähte haben sich gelöst
und flattern wild im Wind.
„Das muss der Sturm
heute Nacht gewesen sein!",
meint Luis.

„Oje, wenn die Pferde nun
auf die Straße laufen?!"
Sina sucht bereits ihr Handy.
Das hat Mama ihnen gekauft.
Für Notfälle.
Und das hier ist einer!
Schnell erklärt Sina
ihrer Mutter, was los ist.

„Ich rufe sofort

den Bauern an!",

verspricht Mama.

„Notfalls die Feuerwehr!

Und ihr fahrt weiter zur Schule!"

Widerstrebend machen sich

die Geschwister auf den Weg.

An Lernen

ist heute nicht zu denken!

Ob den Pferden
etwas passiert ist?
Wenn die Fohlen nun
auf die Straße galoppiert sind?
Endlich ist die Schule aus!
Nanu, da wartet ja Mama!
„Das Wichtigste zuerst",
lächelt sie.

„Die Pferde sind in Sicherheit,
der Zaun ist schon repariert!
Und wir drei Retter
gehen jetzt Pizza essen.
Zur Feier des Tages!
Einverstanden?"
Na klar!

Katja Reider war Pressesprecherin des Wettbewerbs Jugend forscht, bevor sie zu schreiben begann. Inzwischen hat sie mehr als hundert Kinder- und Jugendbücher veröffentlicht, die in viele Sprachen übersetzt wurden. Weitere Infos unter www.KatjaReider.de.

Heike Wiechmann wuchs an der Ostsee auf. Nach einem Studium der Pädagogik und Illustration arbeitete sie als Spielzeugdesignerin und reiste dabei um die halbe Welt. Heute schreibt und illustriert sie Kinderbücher und lebt mit ihrer Familie in Lübeck.
Mehr über Heike Wiechmann findet ihr auf ihrer Homepage www.heike-wiechmann.de.

Mit bunten Silben lesen lernen

Viele spannende und schöne Geschichten zu beliebten Themen erleichtern Ihrem Kind den Start in die Welt der Buchstaben. Die große, gut lesbare und bunte Schulbuchschrift macht Spaß und führt rasch zum ersten Leseerfolg!

In diesem Band sind alle Wörter in farbig markierte Buchstabengruppen, die Sprechsilben, unterteilt. So sind sie für Erstleser einfacher und schneller zu erfassen. Schon Vorschulkinder teilen ein Wort beim Sprechen intuitiv in Silben auf. Durch die farbigen Markierungen der Silben ist es für Kinder viel leichter, die richtige Einteilung auch in geschriebenen Wörtern zu erkennen und den Sinn der Wörter zu begreifen. Auf diese Weise lernen sie schnell, flüssig und fehlerfrei zu lesen.

Zahlreiche bunte Bilder sorgen zusätzlich für Abwechslung und ermöglichen kleine Pausen. Die klare Zuordnung der Bilder zum Geschehen in den Geschichten unterstützt das Textverständnis. So kommen auch weniger geübte Leser schnell zu einem Erfolgserlebnis und Lesen wird zum Kinderspiel!

Noch mehr **Silbengeschichten** zum **Lesenlernen**

ISBN 978-3-7432-0705-9

ISBN 978-3-7432-0505-5

ISBN 978-3-7432-0451-5

ISBN 978-3-7432-0347-1